Tiere
zeichnen lernen

Tiere

zeichnen lernen

EDITION XXL

Inhaltsverzeichnis

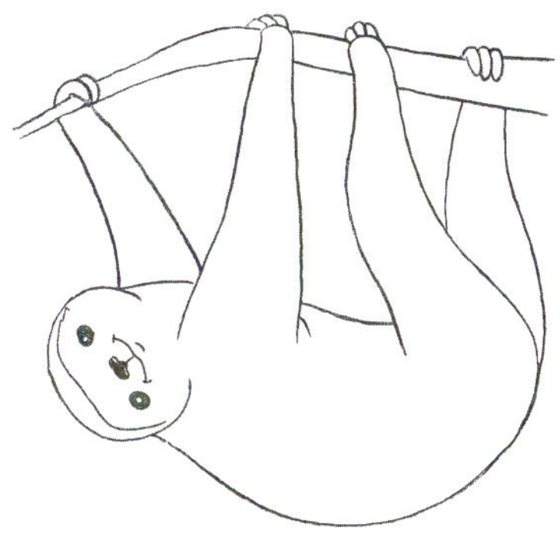

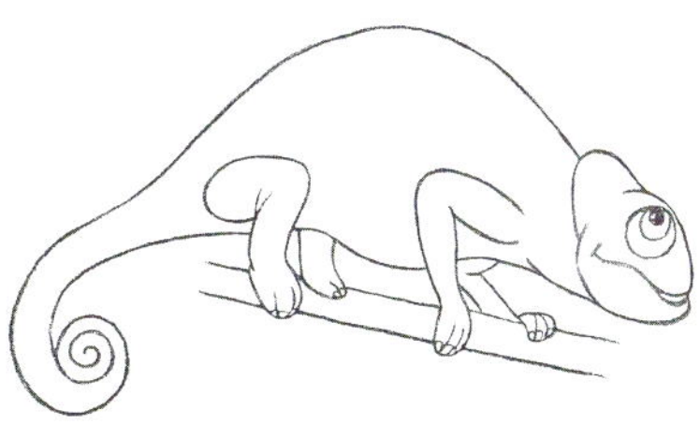

So geht's

Du brauchst:

- Zeichenblock
- Bleistifte (HB, 2B)
- Radiergummi
- Spitzer
- Buntstifte oder Wasserfarben und Pinsel

Hier findest du einige Tipps und Tricks, die dir beim Arbeiten mit diesem Buch helfen werden.

Zum Zeichnen

Zum Vorzeichnen brauchst du Bleistifte mit verschiedenen Härtegraden. Für den Anfang reichen ein normaler (HB) und ein etwas weicherer Stift (2B). Je weicher der Bleistift, desto breiter und dunkler wird der Strich. So ist z. B. ein Bleistift mit der Kennzeichnung 8B ganz weich. Die mit „H" gekennzeichneten Bleistifte sind hingegen sehr hart. Je sanfter du mit dem Bleistift vorzeichnest, desto leichter lässt sich im Anschluss die Linie wieder wegradieren oder übermalen.

Radiergummi

Zum Entfernen der Hilfslinien solltest du immer einen Radiergummi zur Hand haben, der nicht schmiert.

Wichtig:

Die gestrichelt gezeichneten Hilfslinien und andere Linien, die nicht mehr benötigt werden, radierst du immer weg. Die Linien, die erhalten bleiben, sind die Konturen. Diese ziehst du später kräftig nach.

Zum Ausmalen

Wenn du Buntstifte richtig einsetzt, werden deine Motive lebendig: Drückst du mit der Spitze fest auf, bekommst du eine starke Kontur oder kräftige Farbflächen. Für hellere Farbflächen hältst du den Stift flach und schraffierst über das Papier. Je häufiger du so über eine Fläche malst, desto kräftiger wird die Farbe.
Wusstest du, dass du gar nicht alle Farben brauchst, sondern welche selbst mischen kannst? Wenn du zuerst mit Rot und dann mit Blau darüber malst, erhältst du Violett. Gelb und Blau werden zu Grün und Gelb und Rot zu Orange. Drücke nicht zu stark auf und beginne immer mit der helleren Farbe.

Wasserfarben

Statt mit Buntstiften kannst du dein Motiv auch mit Wasserfarben ausmalen: Mit einem feinen Pinsel malst du dünne Linien. Für Flächen kann der Pinsel etwas breiter sein. Willst du hellere Farben haben, musst du viel Wasser verwenden. Nimmst du weniger Wasser, sind die Farben kräftiger und dunkler. Schatten setzt du erst nach dem Trocknen mit der gleichen, aber etwas dunkleren Farbe.

Viel Spaß beim Zeichnen!

Katze

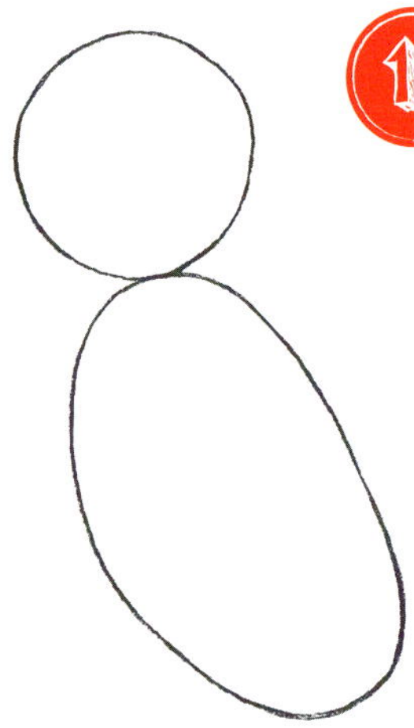

1.

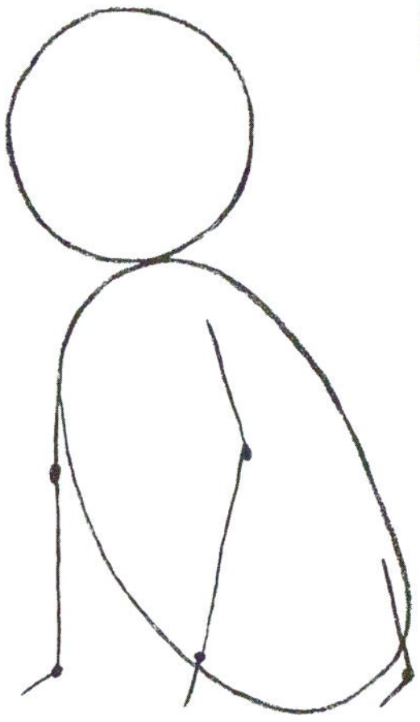

2.

Beginne mit dem Kopf und zeichne danach den ovalen Körper. Achte auf die Form der Katzenbeinchen. Wo haben sie einen Knick?

3.

4.

Die Ohren sind abgerundete Dreiecke und die runden Kreise an den Beinen werden die Pfoten. Der Schwanz deiner Katze darf auch nicht fehlen.

5.

Zeichne die Schnurrhaare ein und gib dem Fell mit kleinen Zacken seine Kontur. Wusstest du, dass Katzenaugen meistens grün sind?

Zum Schluss malst du das getigerte Fell mit kräftigen dunklen Strichen. Vielleicht malst du deiner Katze noch ein weiches Bett?

6.

Hund

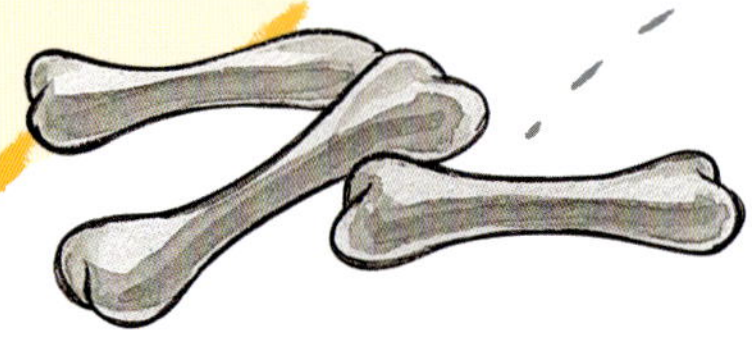

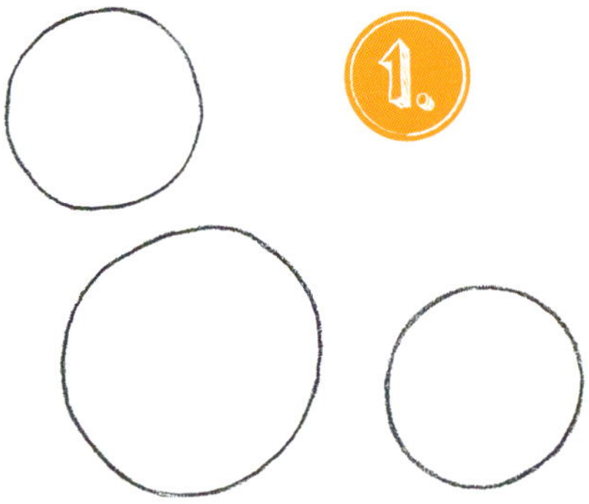

Für den Körper und den Kopf deines Hundes brauchst du drei unterschiedlich große Kreise. Vergiss nicht, die Beine zu zeichnen.

Verbinde die Körperlinien und gib deinem Hund Ohren. Zeichne noch den geschwungenen Schwanz.

5.

Hast du gesehen, dass ein Hund mehrere Fellfarben hat?
Male deinen Hund in verschiedenen Farben aus.
Du kannst ihm auch noch eine Hundehütte
und einen Futternapf malen.

6.

Pferd

1.

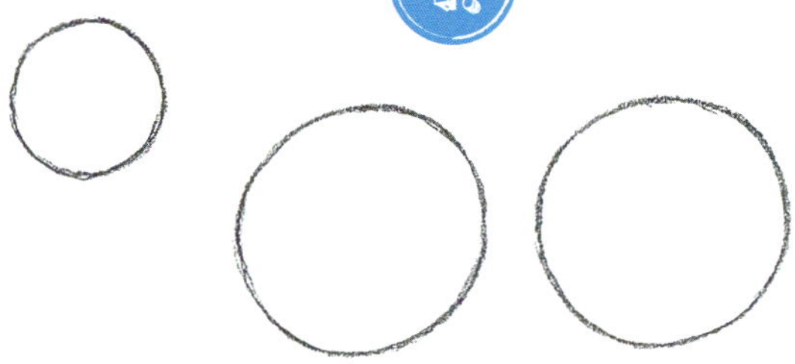

2.

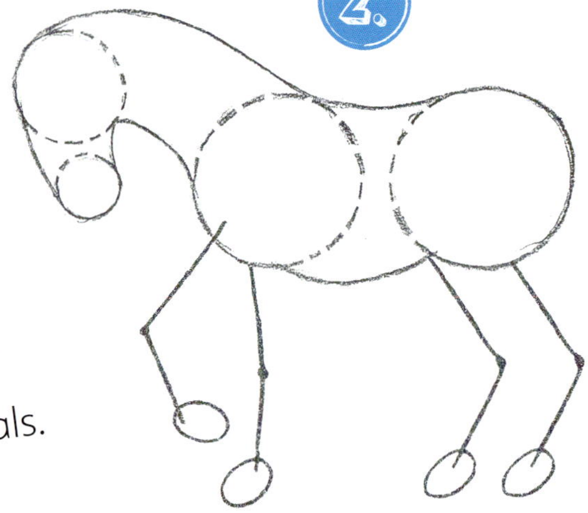

Zeichne den Körper, den Kopf und die Beine des Pferdes. Achte auf den gebogenen Hals.

3.

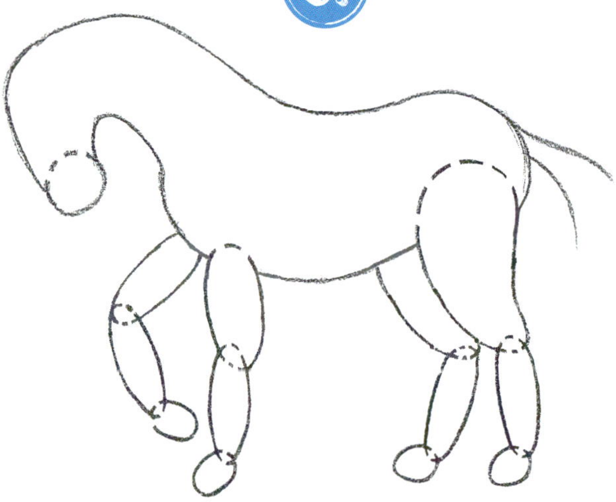

4.

Wo haben die Beine deines Pferdes einen Knick? Dort sitzen die Gelenke. Achte darauf, diese richtig einzuzeichnen. Auch die Hufe und die Ohren dürfen nicht fehlen.

5.

Jetzt fehlen noch die Augen, die Nüstern und das Maul. Zeichne die Mähne und den Schweif mit Zackenlinien.

Male das Pferd in Brauntönen aus oder in den Fellfarben deiner Lieblings-Pferderasse. Zum Schluss kannst du noch eine saftige grüne Wiese malen.

6.

Kuh

1.

2.

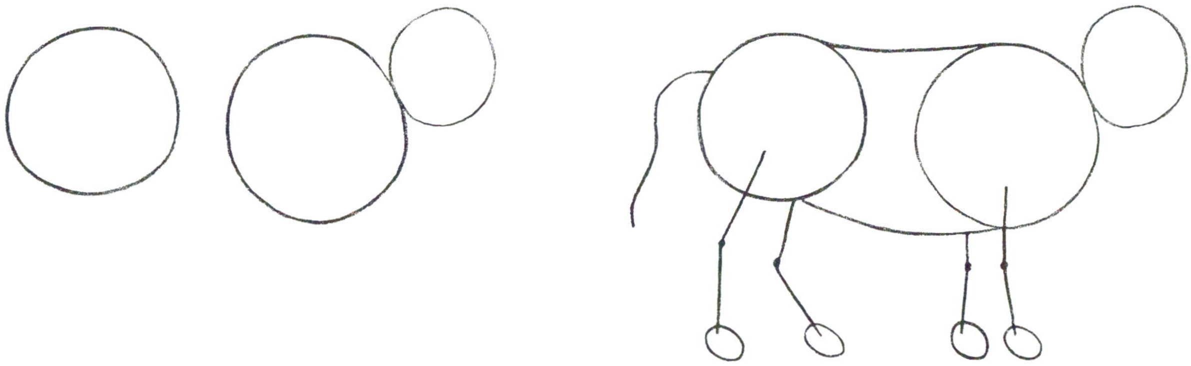

Zeichne drei Kreise für Körper und Kopf und Hilfslinien für die Beine. Kleine Kreise am Ende der Beine sollen die Hufe darstellen.

3.

4.

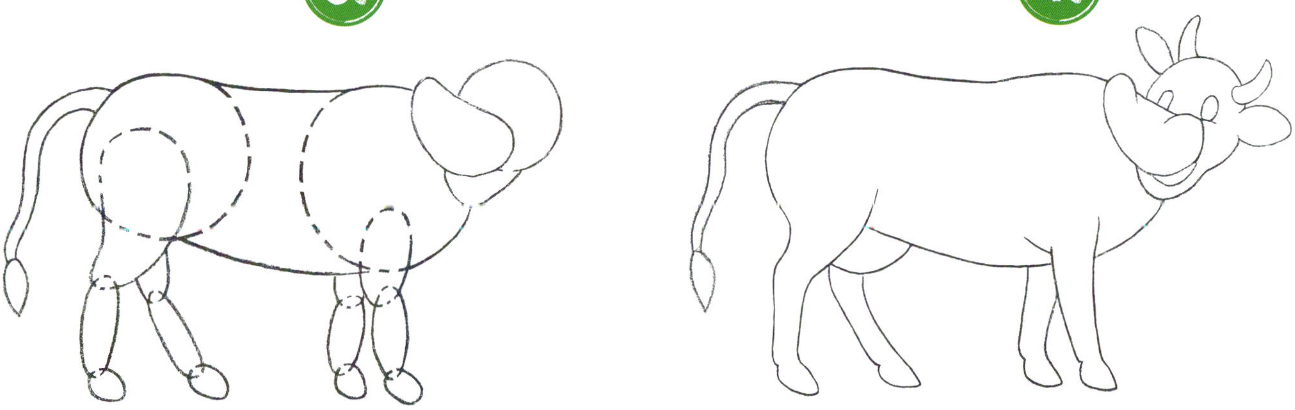

Die Nase deiner Kuh ist ein Oval in der unteren Hälfte des Kopfes. Achte darauf, dass du dieses nicht zu klein zeichnest.

5.

Das Euter deiner Kuh darfst du nicht vergessen,
ebenso wie die Hörner und den Schwanz.
Soll deine Kuh gescheckt oder einfarbig werden?
Male das Fell nach deinem Wunsch aus.

Erpel und Ente

Der Erpel und die Ente haben den gleichen Körperbau.
Zeichne den Schwanz spitz und vergiss den Schnabel und die Beine nicht.

Zeichne den gebogenen Hals und die geschwungenen Federn ein.

4.

5.

Siehst du den Unterschied zwischen Erpel und Ente?
Der Erpel hat ein buntes Gefieder, die Ente dagegen ein braunes.
Außerdem besitzt der Erpel eine Erpellocke,
die sich am Schwanz befindet.

6.

Schwein

1.

2.

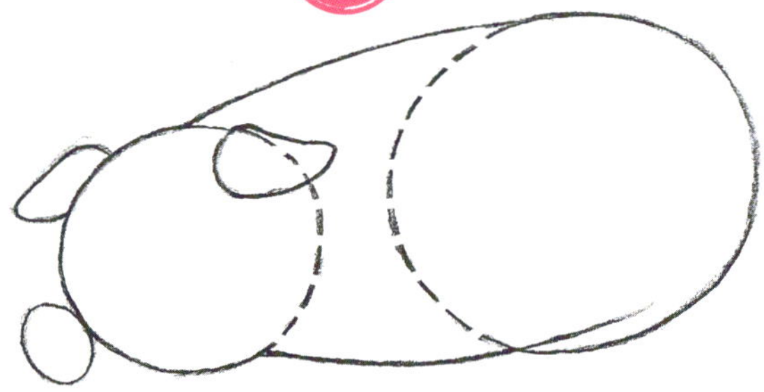

Zeichne zwei unterschiedlich große Kreise.
Achte darauf, dass der kleine Kreis etwas tiefer liegt.

3.

Die Ohren deines Schweines sind waagerecht stehende Dreiecke.

4.

Die Nase und das Ringelschwänzchen dürfen auch nicht fehlen.

5.

Zeichne deinem Schwein ein Gesicht und achte darauf, dass du die Klauen richtig zeichnest.

Male dein Schwein hellrosa aus. Drücke beim Ausmalen der Nase fester auf als beim Körper, damit sie schön leuchtet. Jetzt kannst du noch eine Wiese mit einer Matschpfütze malen, dann fühlt sich dein Schwein richtig wohl.

6.

Hahn und Henne

1.

Siehst du den Unterschied im Körperbau von Hahn und Henne?
Der Hahn hat einen längeren Hals und einen größeren Körper.

2.

Zeichne die geschwungenen Schwanzfedern des Hahns ein.

3.

Hahn und Henne bekommen einen Kamm auf den Kopf.

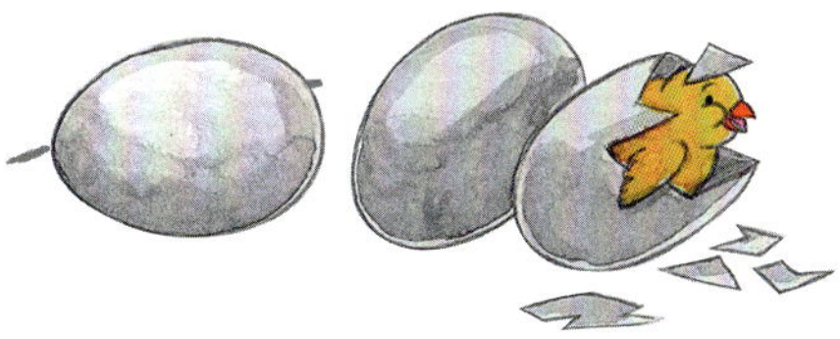

4.

Hähne haben bunteres Gefieder als Hennen.
Sieh dir nur die prächtigen Schwanzfedern an!
Der Kamm ist aber bei beiden rot. Male alles farbig aus.

Esel

1.

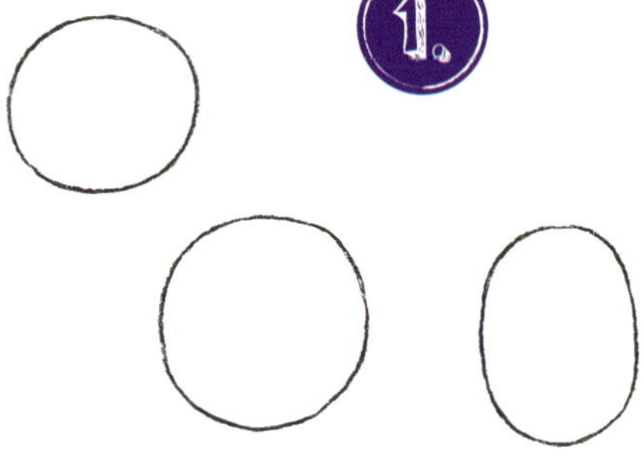

2.

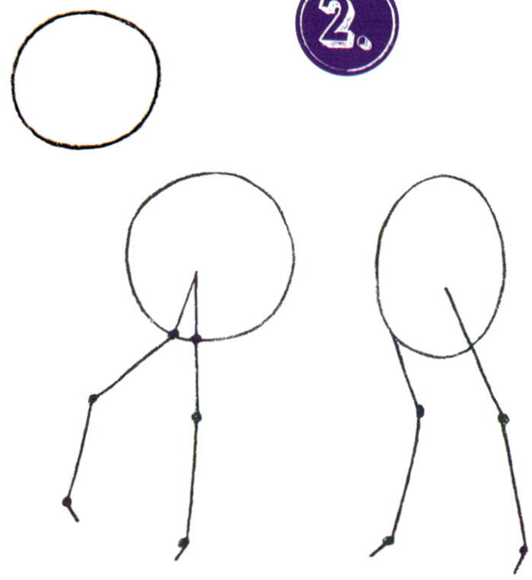

Zeichne den Kopf und den Körper deines Esels. Achte darauf, auf welcher Höhe der Kopf sich befindet.

3.

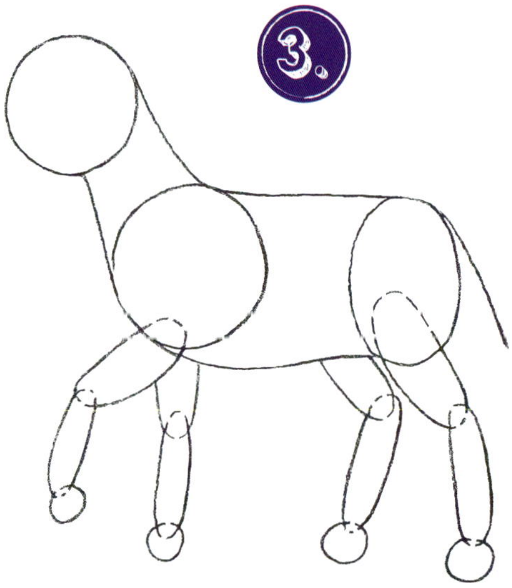

4.

Zeichne die Beine, die Hufe und die Ohren deines Esels. Vergiss seinen Schwanz nicht.

5.

Male kleine Zacken in die Mähne.
Das Gesicht darf auch nicht fehlen.
Siehst du, wie er lächelt?

Male das Eselfell in Grautönen aus und die Schnauze und das Ohr rosa.
Zum Schluss kannst du noch eine Landschaft in Grüntönen malen.

6.

Lamm

1.

2.

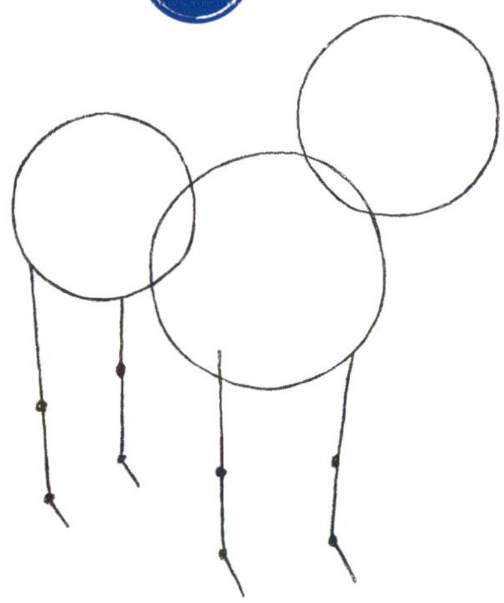

Drei überlappende Kreise ergeben die Grundform deines Lammes.

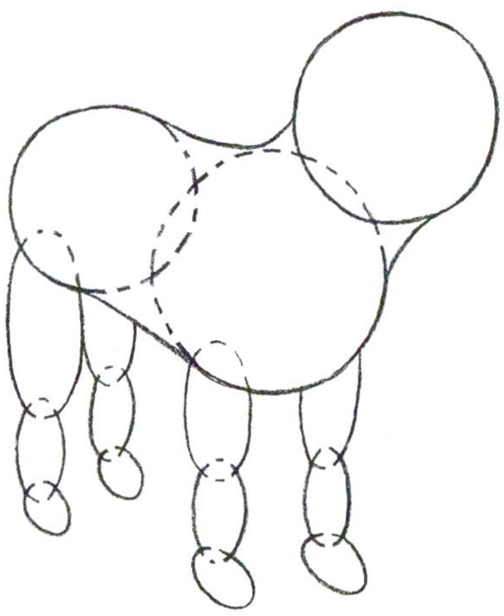

3.

Zeichne kleine Ovale
für die Beine.

Gib deinem Lamm Ohren und
zeichne dann das Gesicht.

4.

5.

Mit kleinen, geschwungenen Linien bekommt es ein wolliges, weiches Fell. Vergiss die Klauen nicht! Auf einer grünen Wiese fühlt sich dein Lamm besonders wohl.

6.

Fuchs

1.

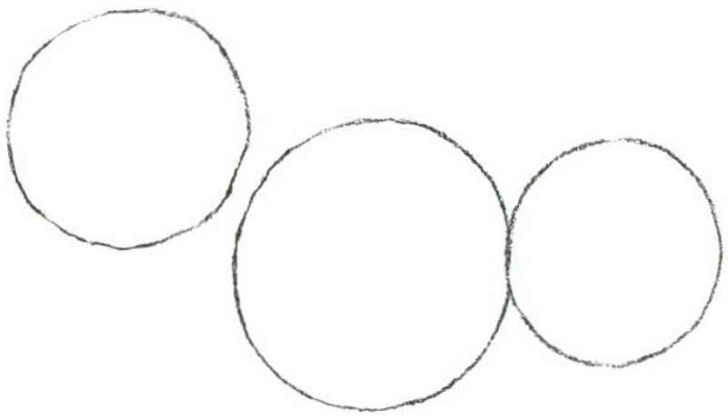

2.

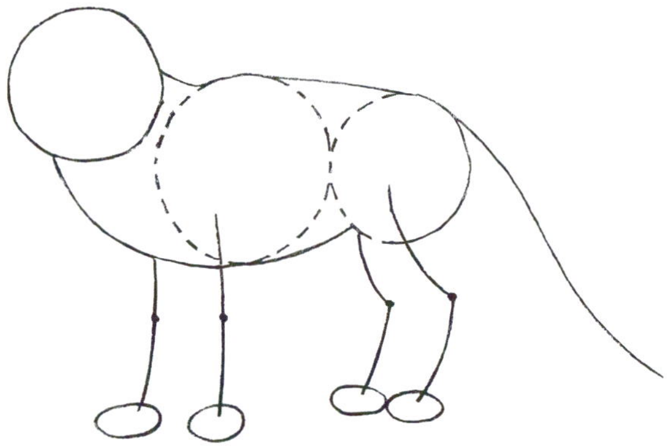

Beginne mit dem Kopf und zeichne dann den Rest des Körpers.

3.

Die Ohren sind senkrecht stehende Dreiecke.

Denke daran, dass der Fuchs eine lange Schnauze hat.

4.

Der Schwanz deines Fuchses ist unten buschig. Wusstest du, dass die weiße Schwanzspitze auch „Blume“ genannt wird?

Gib deinem Fuchs ein leuchtendes Fell in Orange. Aber Achtung! An manchen Stellen ist sein Fell auch schwarz oder weiß. Vielleicht möchtest du noch die Wiese und die Fliegenpilze dazumalen?

Eichhörnchen

1.

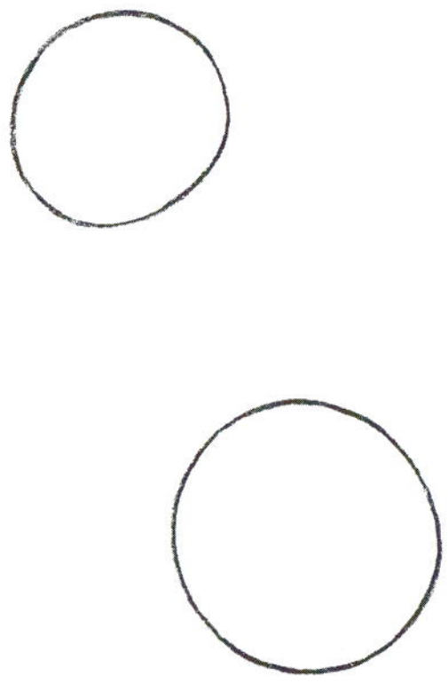

2.

Achte auf den richtigen Winkel der Beine und der Arme. Die Arme sollen nach vorne ausgestreckt sein.

3.

4.

Dein Eichhörnchen hat einen geschwungenen, nach oben gerichteten Schwanz.

5.

Zeichne auf die ausgestreckten Arme deines Eichhörnchens eine Eichel. Dem Fell kannst du mit kleinen Zacken Kontur geben.

Male es orange aus. Besonders toll sieht das Fell aus, wenn du beim Ausmalen fester und weniger fest aufdrückst. Dadurch erscheinen die Farben heller oder dunkler.

6.

Eule und Igel

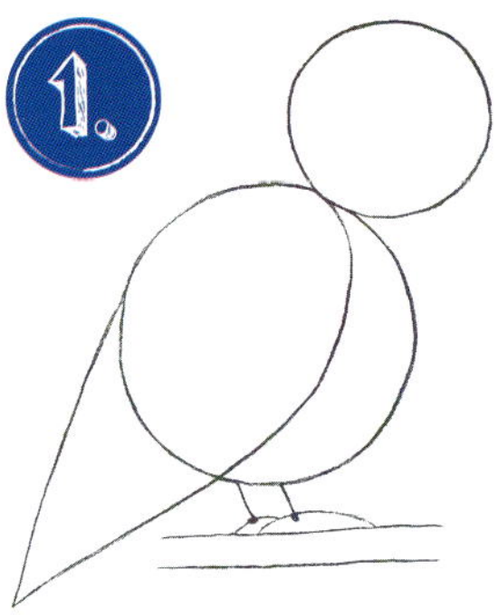

Zeichne erst den Körper und dann den Kopf mit den auffälligen Augenbrauen.

Nun noch ausmalen und die Federn des Flügels mit kurzen, kräftigen Strichen in Dunkelbraun malen. Jetzt kann sich deine Eule sehen lassen.

1.

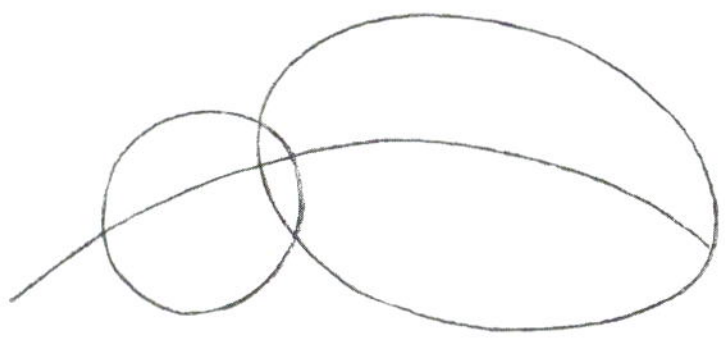

2.

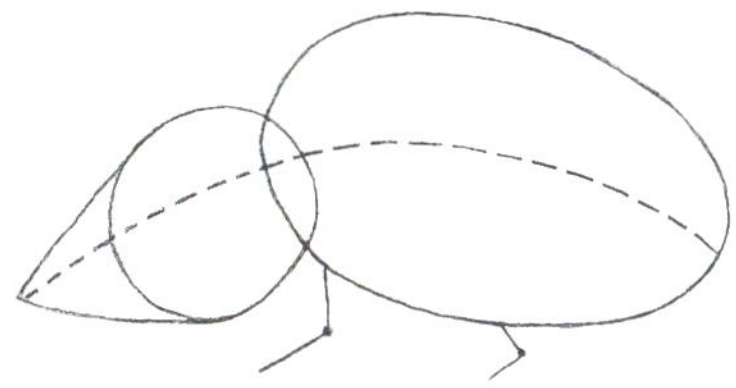

3.

Beginne mit dem Kopf und dem Körper.
Zeichne dann die lange Schnauze.
Ganz wichtig sind die spitzen Stacheln!

4.

5.

Male deinen Igel in Brauntönen aus und zeichne noch ein paar dunkelbraune Stacheln ein. Setze ihn auf einen Laubhaufen.

6.

Waschbär

1.

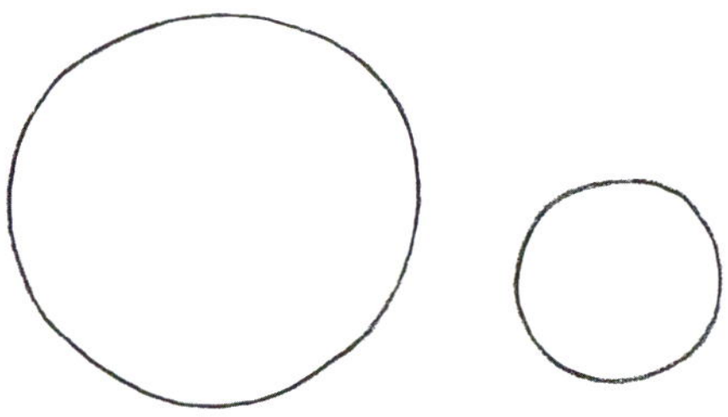

2.

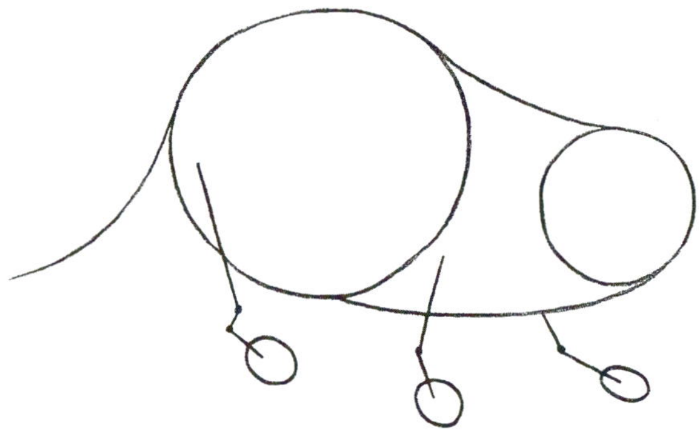

Zeichne an den Körper einfache Striche für die Beine und kleine Kreise für die Pfoten.

3.

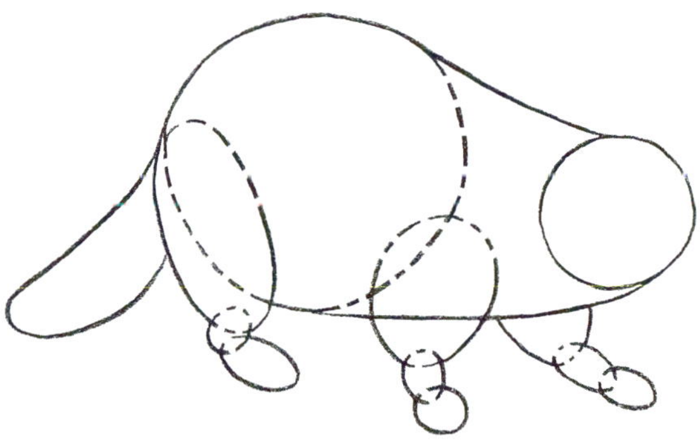

4.

Gib deinem Waschbären Ohren, indem du einfache Dreiecke zeichnest.

5.

Wusstest du, dass der Waschbär eine schwarze Maske im Gesicht trägt und sein Schwanz schwarze Streifen hat?

Zeichne beides ein und male deinen Waschbären grau oder braun aus. Wähle für den Bauch und das Gesicht einen helleren Farbton.

6.

Schmetterling und Vogel

1.

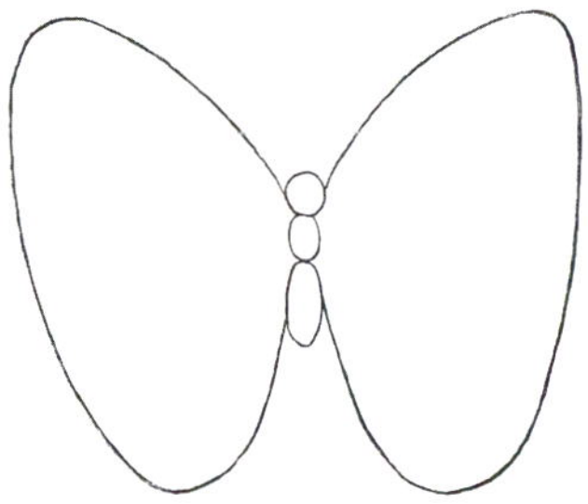

2.

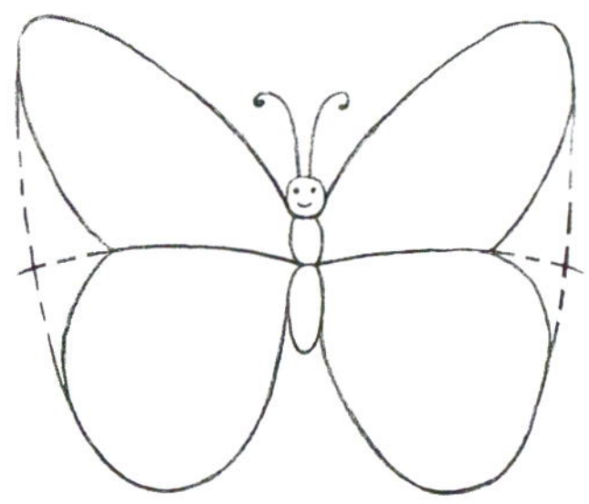

Schaffst du es, die Flügel deines Schmetterlings gleich groß zu zeichnen?
Zeichne zuerst den kleinen Körper und dann die großen Flügel.

3.

4.

Schmetterlinge gibt es in vielen Farben.
Male deinen Schmetterling bunt aus, so wie es dir gefällt!

5.

Zeichne zuerst den Körper deines Vogels und dann die Flügel.
Siehst du die wellenartige Form der Federn im Flügel?

Zeichne diese ein und male deinen Vogel gelb und rot aus.
Vielleicht soll das Gefieder deines Vogels aber auch andere Farben haben?
Male einen Himmel und ein paar Wolken, damit er hoch fliegen kann!

Elefant

1.

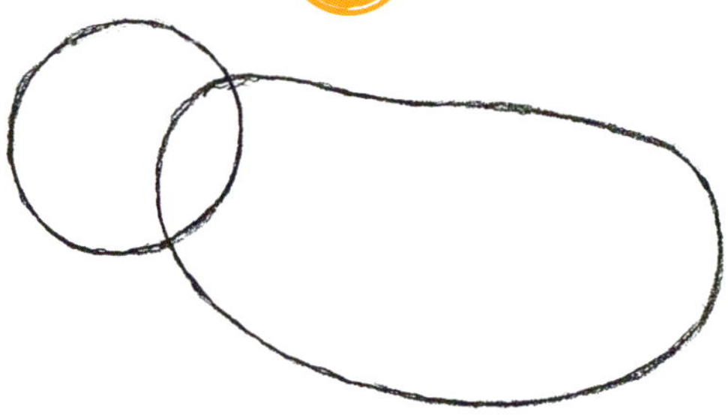

2.

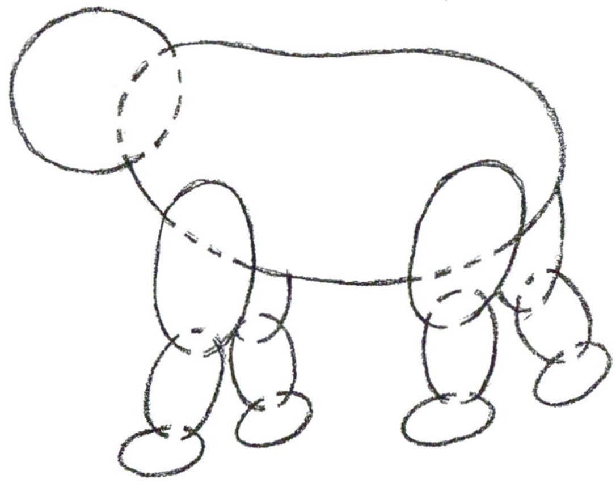

Beginne mit dem Körper und zeichne Ovale für die Beine deines Elefanten.

3.

Das Ohr des Elefanten ist ein Oval und die Stoßzähne sind gebogen.

Zeichne einen nach unten gewölbten Rüssel.

4.

5.

Nun zeichne das Gesicht deines freundlichen Elefanten und male ihn grau aus. Da Elefanten im Regenwald leben, kannst du noch ein paar Palmen und Büsche malen.

Löwe

1.

2.

Beginne mit dem Kopf und zeichne große Kreise für den Körper. Achte auch auf die Form der Beine. Wo haben sie einen Knick?

3.

4.

Der Schwanz des Löwen ist geschwungen und nach oben gerichtet.

5.

Die Mähne zeichnest du mit kleinen, gezackten Linien. Wusstest du, dass Löwinnen keine Mähne haben?

Male deinen Löwen in Brauntönen aus. Denke daran, dass die Mähne und die Schwanzspitze dunkler sind als das restliche Fell. Male im Hintergrund noch einen Baum aus der Savanne hinzu.

6.

Erdmännchen

1.

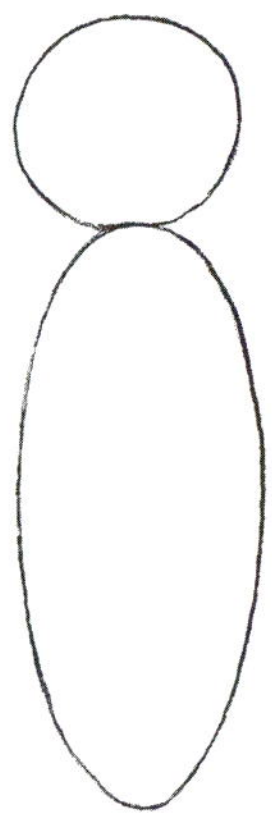

2.

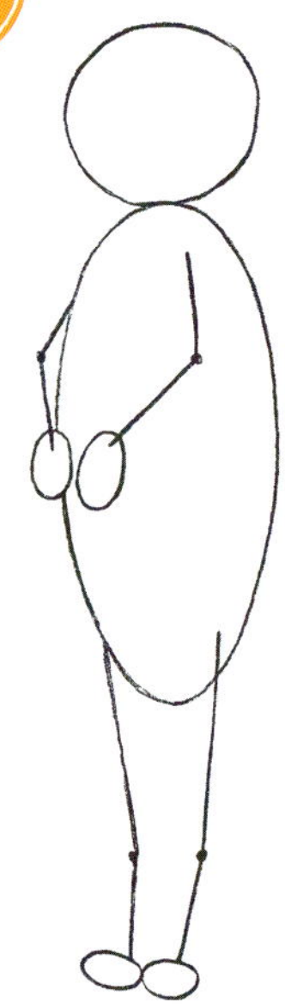

Zeichne einen Kreis für den Kopf und ein Oval für den Körper deines Erdmännchens. Nun folgen Arme und Beine.

3.

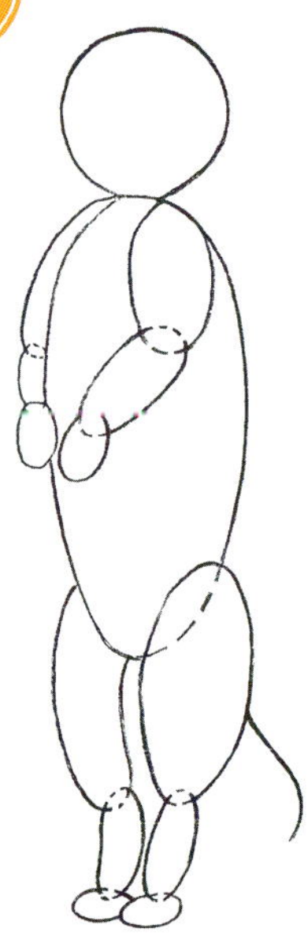

4.

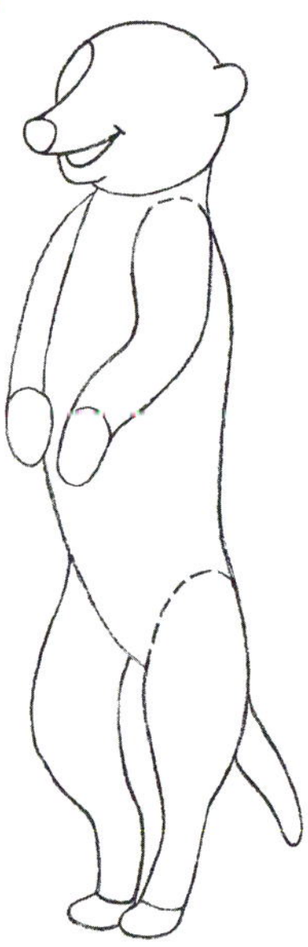

Achte darauf, dass die Schnauze spitz zuläuft.

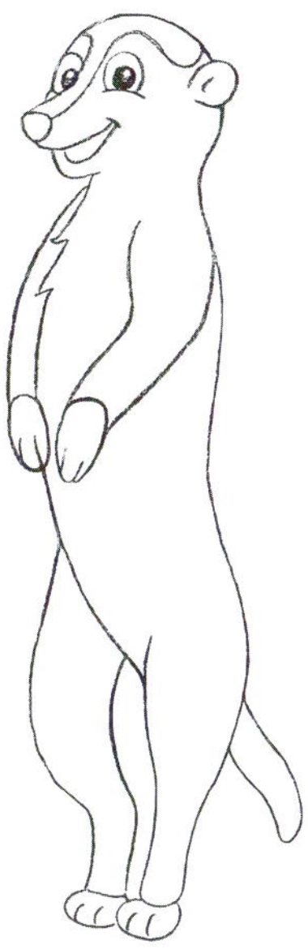

5.

Zeichne nun das Gesicht mit den schwarzen Augenringen. Male das restliche Fell beige und braun aus. Vergiss nicht die schwarzen Streifen am Rücken.

Die Erdmännchen stehen aufrecht, damit sie Feinde rechtzeitig sehen können.

6.

Bär

1.

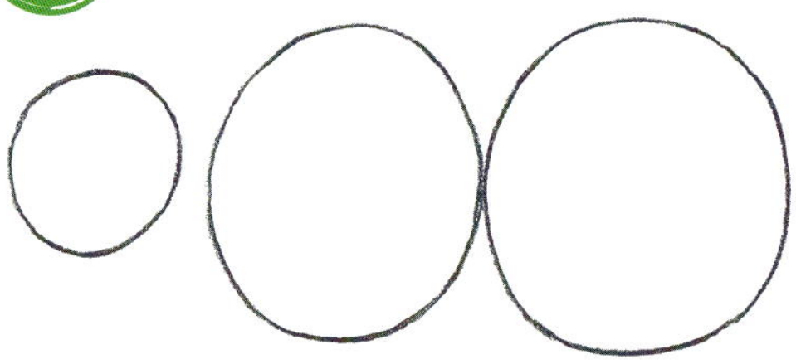

2.

Zeichne an den Körper deines Bären einfache Striche für die Beine.

3.

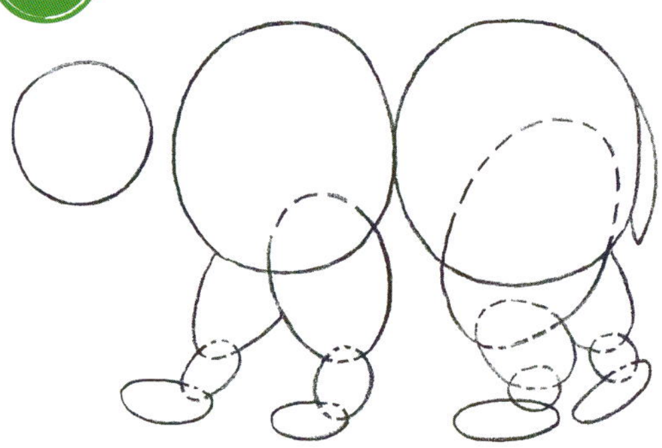

Mit Hilfe von Ovalen kannst du die Beine gut zeichnen.

4.

Nun folgen die Ohren und die Schnauze deines Bären.

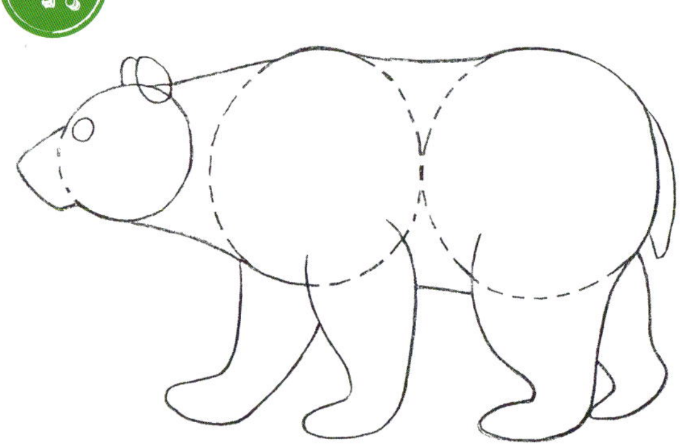

5.

Das Fell kannst du mit kleinen, gezackten Linien zeichnen.
Male deinen Bären braun oder schwarz aus.
Wenn du ihn nicht ausmalst, hast du einen Eisbären.

Bären lieben Honig – ob sich dein Bär wohl
deshalb über die Bienen freut?

6.

Giraffe

1.

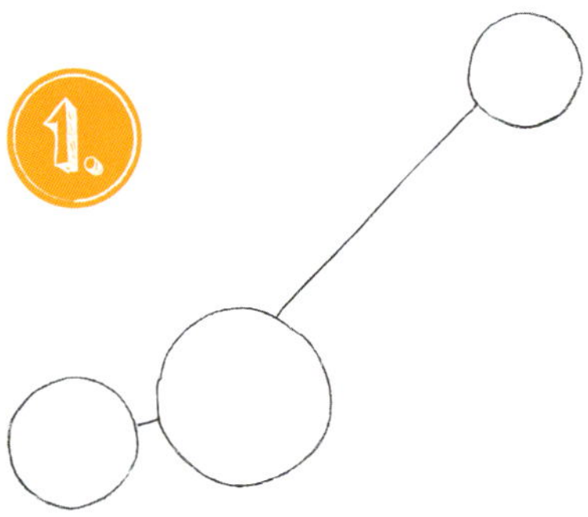

2.

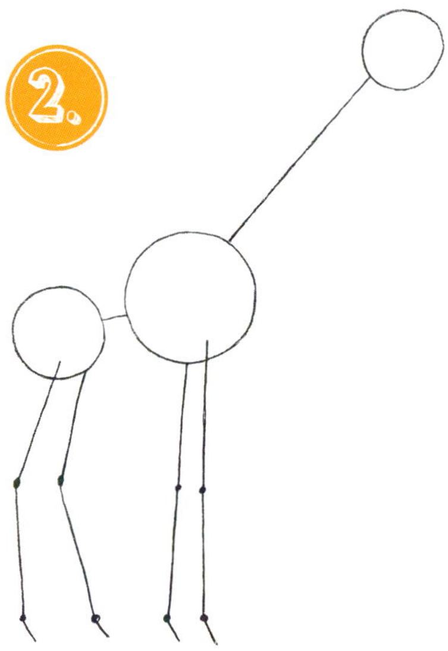

Zeichne zuerst den Körper und den Kopf.
Verbinde dann beides mit dem Hals.
Vergiss nicht, die Beine zu zeichnen.

3.

4.

Auch die Ohren, die Hörner und der Schwanz
dürfen nicht fehlen. Achte darauf, dass die Schnauze
deiner Giraffe spitz zuläuft.

5.

Jetzt kannst du mit kleinen Zacken die kurze Mähne zeichnen. Male deine Giraffe hellbraun aus. Mit dunklen Flecken gibst du ihr dann das typische Giraffenmuster.

In der Savanne fühlt sich deine Giraffe so richtig wohl!

6.

Känguru

1.

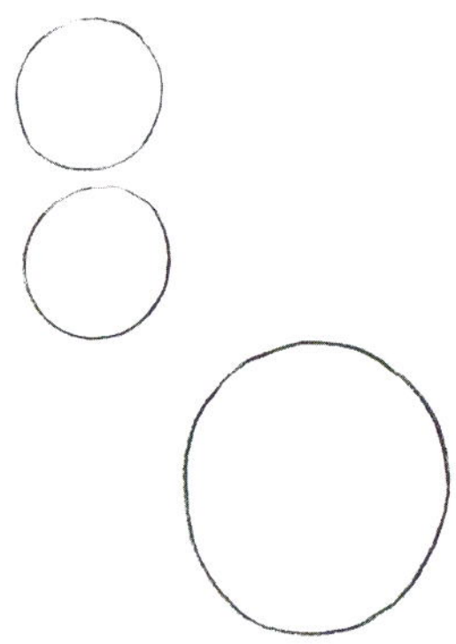

2.

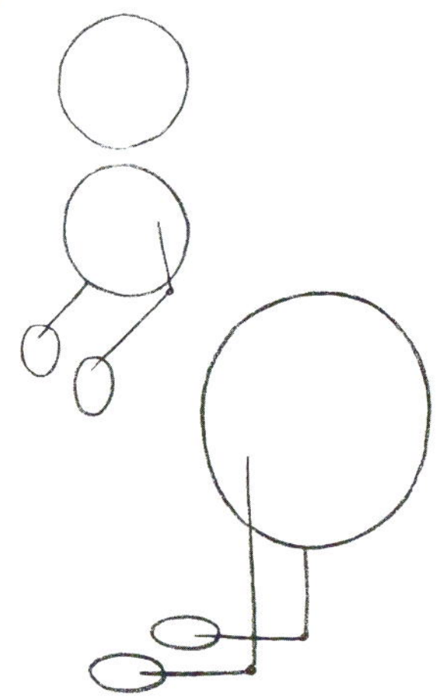

Beginne mit dem Kopf und zeichne dann die Kreise für den Körper. Achte auch auf die Form der Beine. Wo haben sie einen Knick?

3.

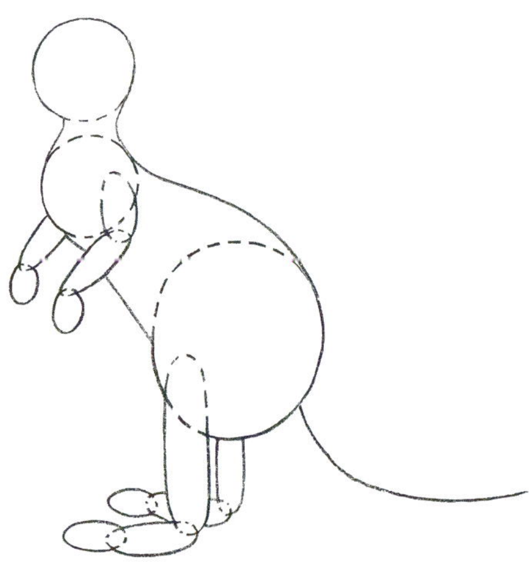

4.

Zeichne verschieden große Ovale für die Beine und zwei Ovale für die Ohren. Dein Känguru bekommt auch einen geschwungenen Schwanz.

5.

Vergiss nicht den Beutel am Bauch deines Kängurus. Male dein Känguru braun aus. Benutze für den Bauch und die Unterseite des Schwanzes einen helleren Farbton.

Wusstest du, dass im Beutel der Känguru-Mutter die Babys heranwachsen? Die Känguru-Männchen haben keinen Beutel.

6.

Fisch und Delfin

1. 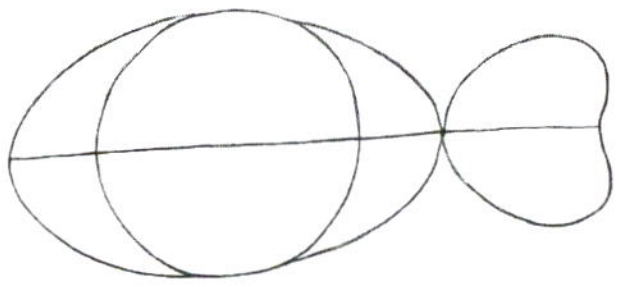

2. 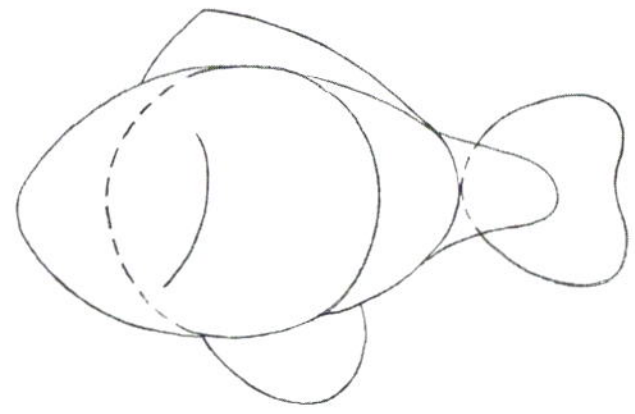

Beginne mit dem Körper deines Fisches und zeichne dann die Flossen und das Gesicht.

3. 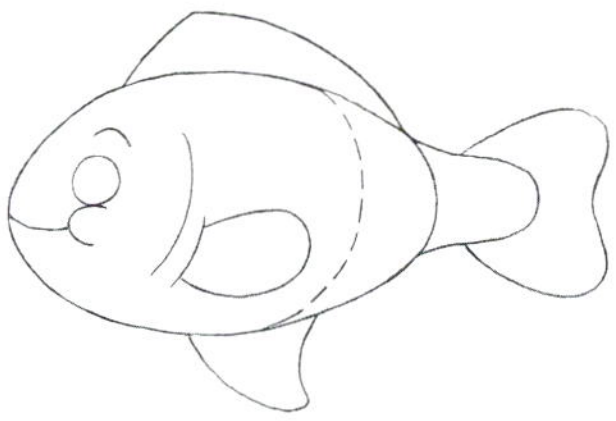

4. 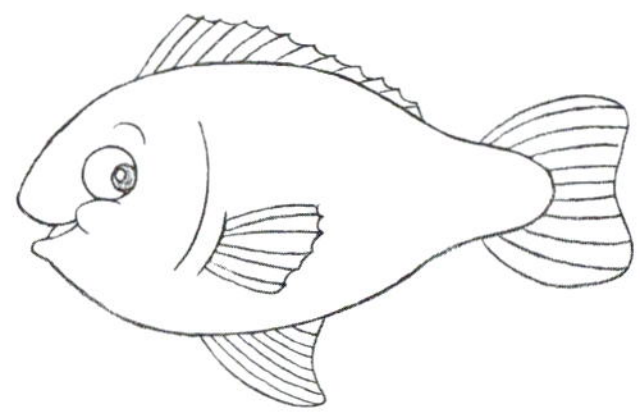

Male ihn so bunt aus, wie es dir gefällt.
Lasse deinen Fisch im blauen Meerwasser schwimmen!

5. 

1. 2. 3.

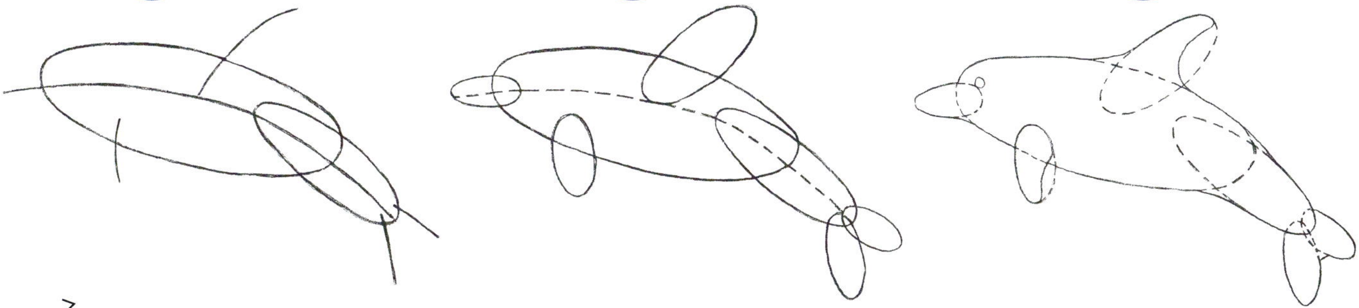

Zuerst zeichnest du zwei Ovale für den Körper und Hilfslinien für die Flossen. Arbeite die Flossen aus und gib deinem Delfin eine Schnauze.

4.

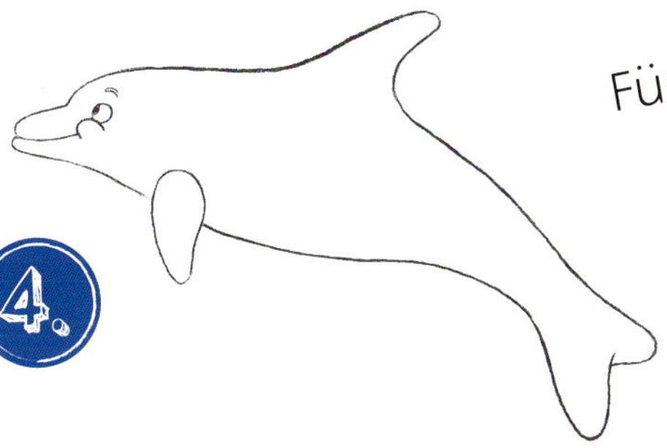

Für den Bauch wählst du einen hellen Farbton und für den Rücken ein dunkles Grau. Besonders freut sich dein Delfin, wenn du ein blaues Meer dazumalst.

5.

Pinguin

1.

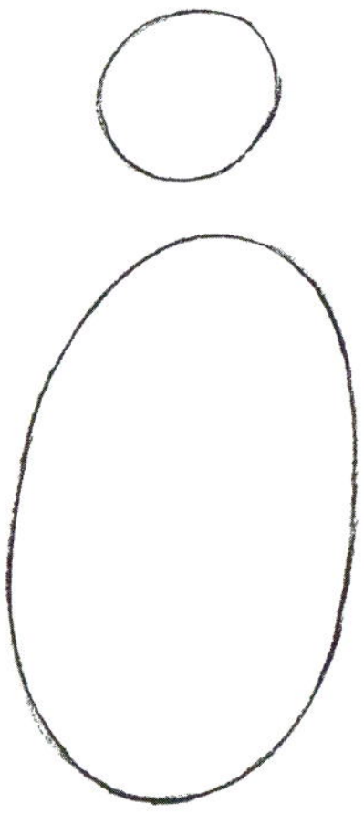

2.

Zeichne einen Kreis für den Kopf und ein Oval für den Körper deines Pinguins.

3.

Ovale helfen dir dabei, die Beine und die Flossen zu zeichnen.

4.

Achte darauf, dass der Schnabel deines Pinguins spitz ist.

5.

Das Gefieder des Pinguins ist auf der Bauchseite hell und auf der Rückenseite schwarz. Siehst du die orange-rote Färbung am Hals?

Zum Schluss kannst du noch eine Eisscholle malen, auf der dein Pinguin steht.

6.

Seepferdchen

1.

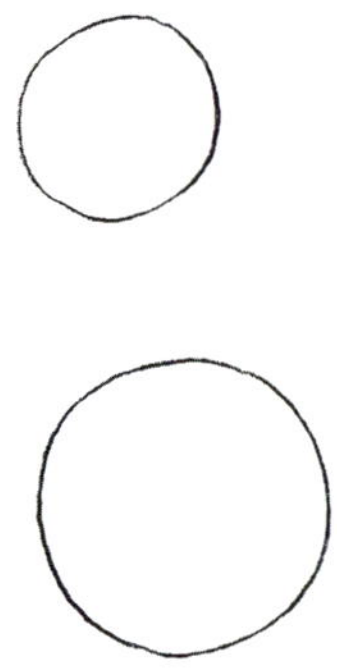

2.

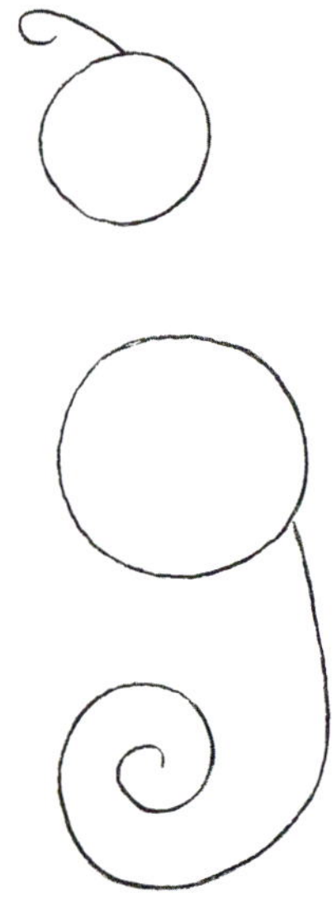

Beginne mit Kreisen für den Kopf und den Körper. Zeichne dann eine Spirale für den Schwanz.

3.

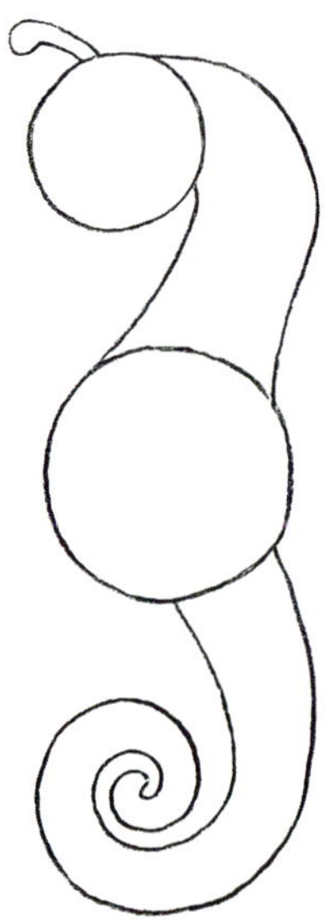

4.

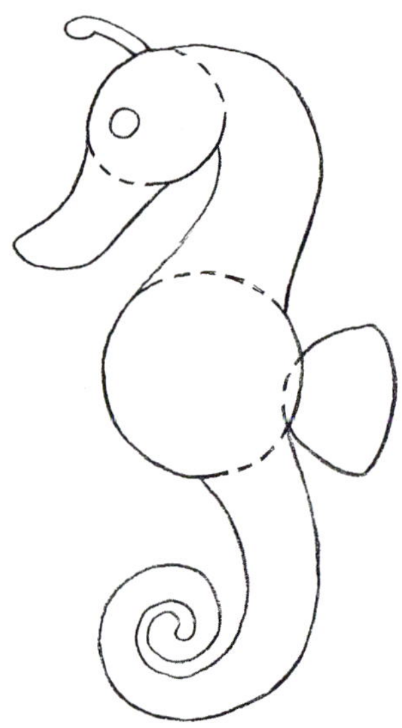

Achte auf den geschwungenen Hals und den langen Rüssel. Vergiss nicht, die Flosse deines Seepferdchens zu zeichnen.

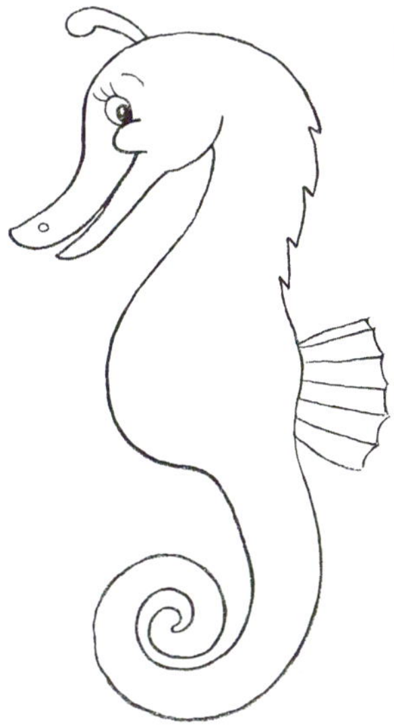

5.

Siehst du die Zacken an der Rückenlinie? Zeichne deinem Seepferdchen ein freundliches Gesicht. Beim Ausmalen hast du die Wahl: Du kannst dein Seepferdchen orange, rot und gelb ausmalen oder so, wie du möchtest. Seepferdchen gibt es in vielen verschiedenen Farben!

Vielleicht möchtest du noch bunte Fische und ein paar Meerespflanzen zeichnen?

6.

Krokodil

1.

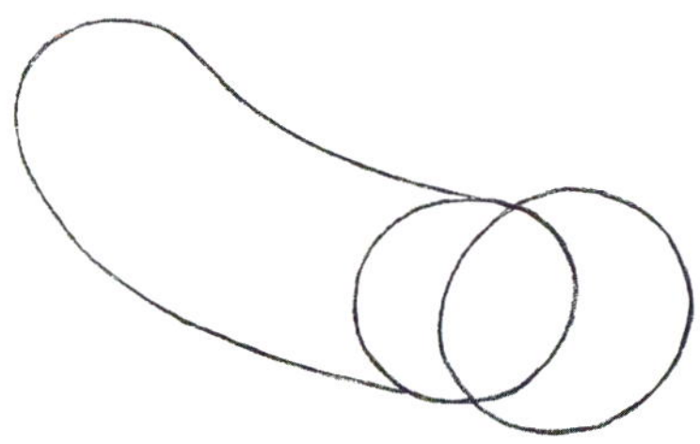

2.

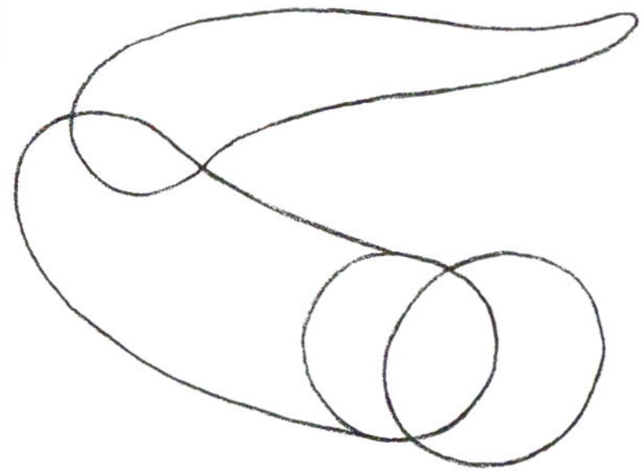

Zeichne den Kopf und den Körper deines Krokodils. Der Schwanz hat eine geschwungene Form.

3.

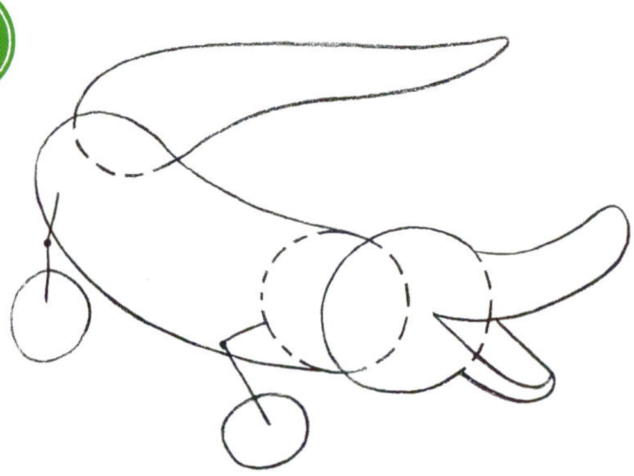

Nun folgt die lange Schnauze mit dem geöffneten Maul.

4.

Denke auch an das Gesicht und die Beine.

5.

Die Hornschuppen auf dem Rücken zeichnest du
mit kleinen Bögen, ebenso wie die Zähne und die Krallen.

Male dein Krokodil in Grüntönen aus und die Zunge und
das Nasenloch rosa. Da es am Wasser lebt,
kannst du noch einen Fluss oder See malen.

6.

Chamäleon

1.

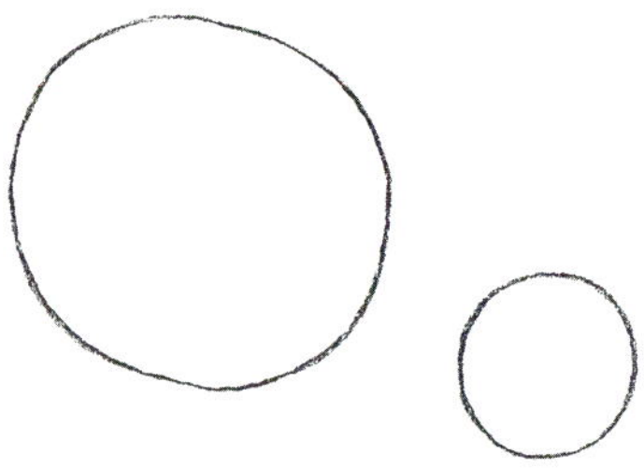

2.

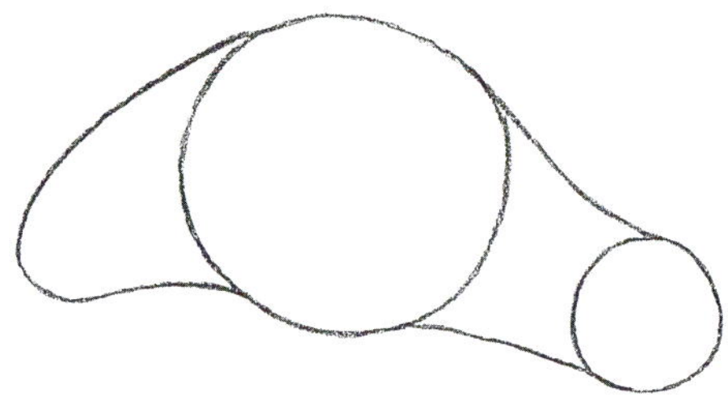

Beginne mit einem großen Kreis für den Körper.
Zeichne etwas tiefer einen kleinen Kreis für den Kopf.

3.

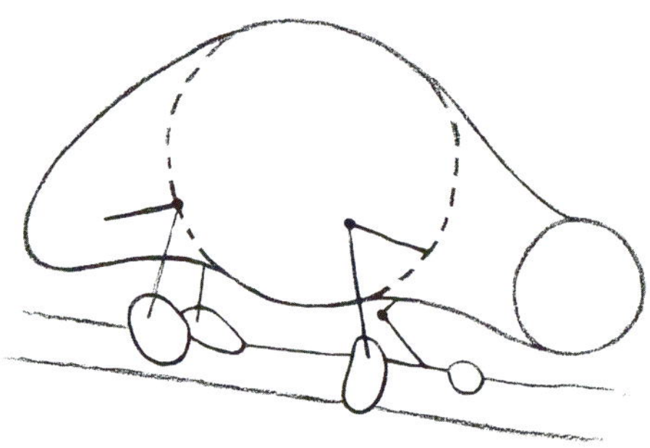

4.

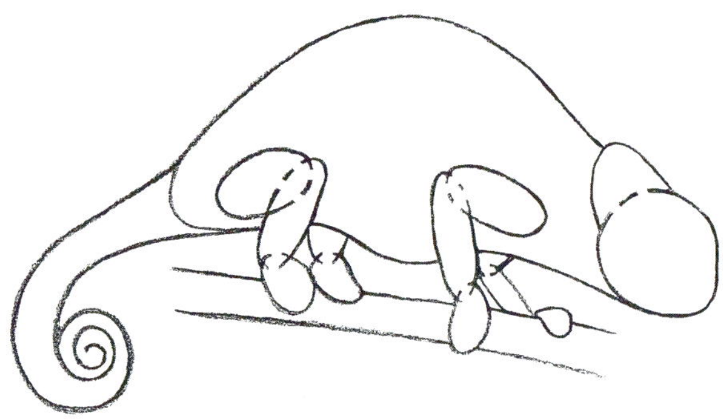

Die beiden Linien unter deinem Chamäleon werden später zu einem Ast. Vergiss nicht den geringelten Schwanz und die Beine.

5.

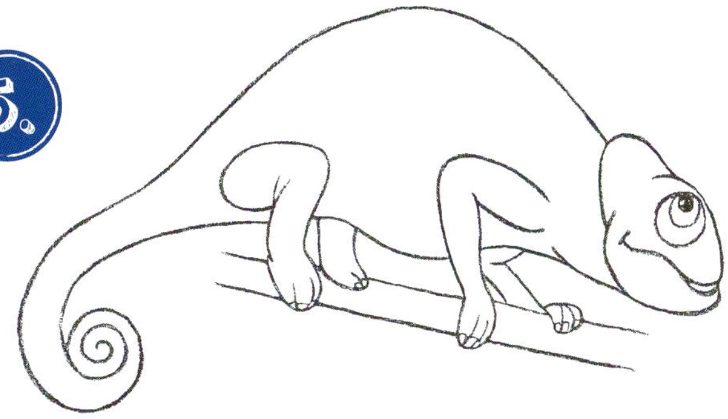

Zeichne nun das Gesicht. Jetzt musst du das Chamäleon nur noch ausmalen. Wusstest du, dass sie ihre Farbe ändern können?

Besonders echt sieht es aus, wenn du viele verschiedene Farben benutzt. Gelb für den Bauch, Hellgrün für den Körper und Blau für den Rücken. Die dunkelroten Streifen wirken besonders wild!

6.

Affe

1.

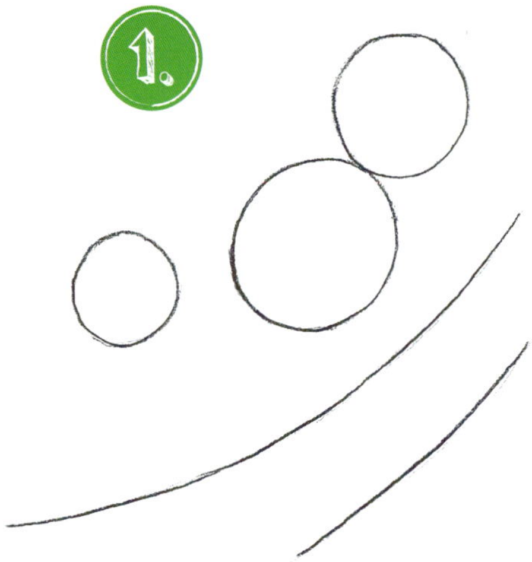

2.

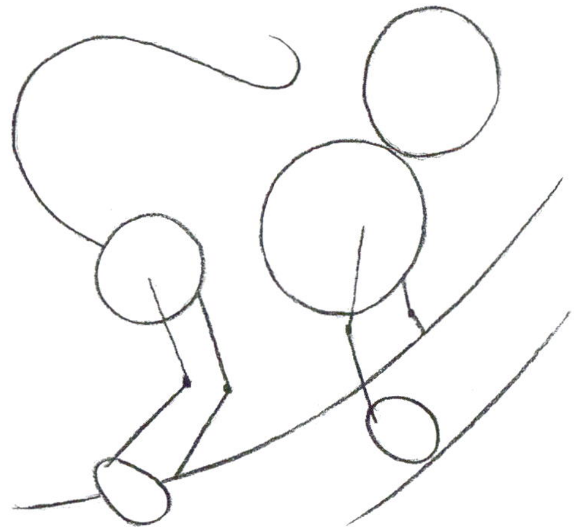

Für den Körper und den Kopf deines Affen zeichnest du drei unterschiedlich große Kreise. Vergiss die Beine nicht.

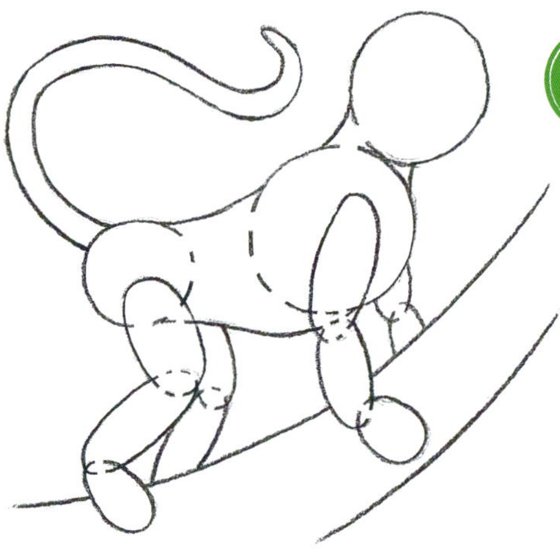

3.

4.

Dein Affe bekommt nun einen nach oben geschwungenen Schwanz und ein freundliches Gesicht.

5.

Gib dem Fell am Kopf und an der Brust mit kleinen Zacken seine Kontur. Male den Affen in Brauntönen aus. Sein Gesicht und das Innere der Ohren sind rosa.

Wenn du deinem Affen noch einen Ast zeichnest, kann er darauf klettern!

6.

Faultier

1.

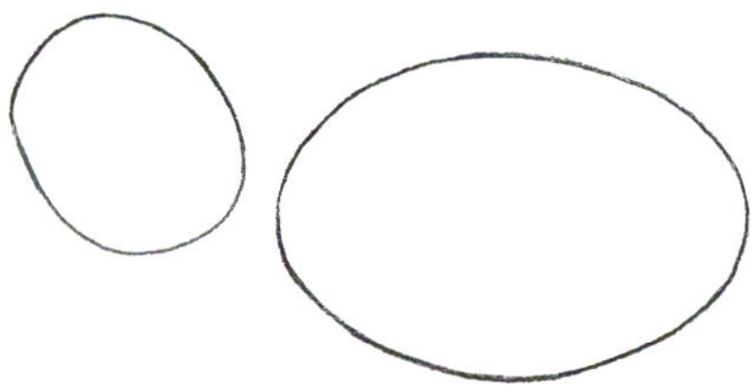

2.

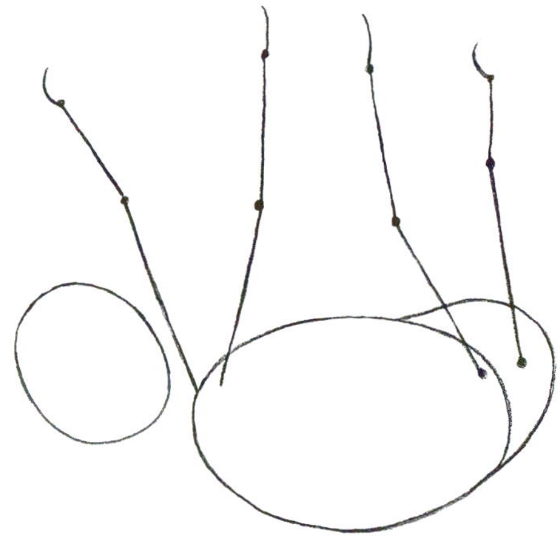

Zeichne den Körper und den Kopf. Da dein Faultier hängt, zeigen die Beine nach oben.

3.

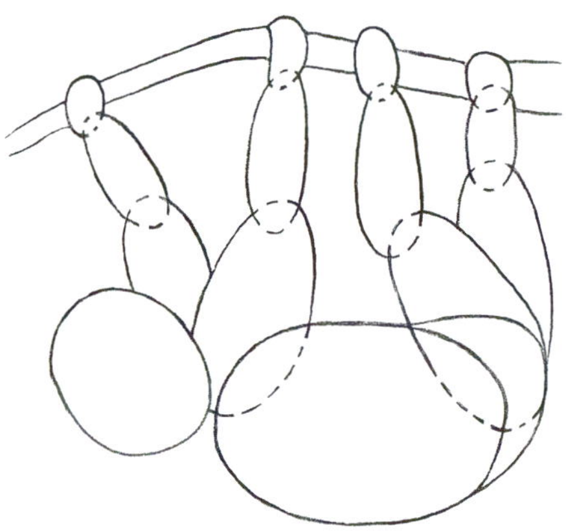

Markiere die Beine mit Ovalen.

4.

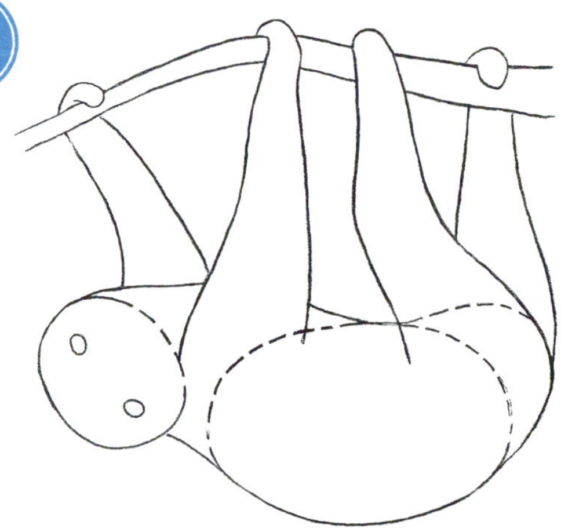

Vergiss nicht, den Ast zu zeichnen, an dem das Faultier hängt.

5.

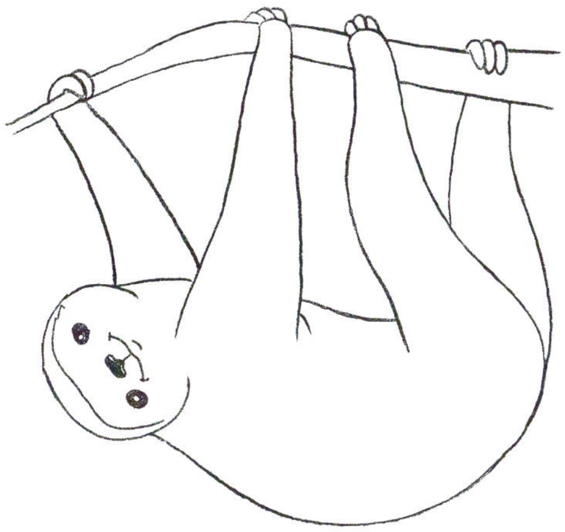

Zeichne deinem Faultier ein Gesicht und die Krallen. Male es in Brauntönen aus und achte auf die schwarzen Augenstreifen.

6.

Papagei

1.

2.

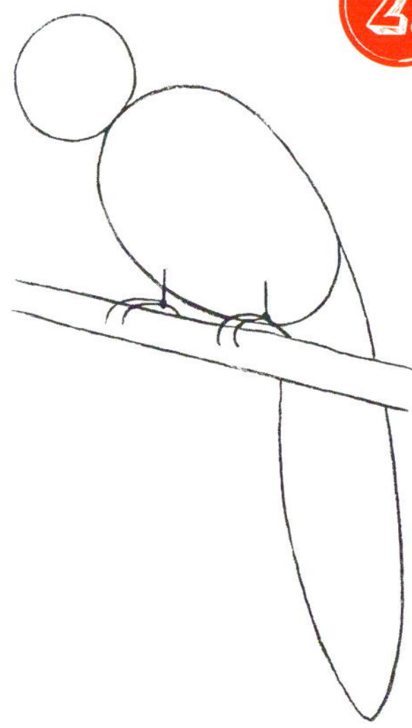

Beginne mit dem Körper und dem Kopf. Zeichne dann die Beine, den Schwanz und einen Ast, auf dem dein Papagei sitzt.

3.

4.

Zeichne nun die Flügel- und Schwanzfedern ein.

5.

Gib deinem Papagei zuerst ein Gesicht und male ihn dann in bunten Farben aus. Dabei kannst du deiner Fantasie freien Lauf lassen!

Male noch eine Liane, die sich um den Ast windet.

6.

Genehmigte Lizenzausgabe
EDITION XXL GmbH
Industriestraße 19
64407 Fränkisch-Crumbach 2022
www.edition-xxl.de

Idee & Projektleitung: Sonja Sammüller
Illustrationen: Miguel Epes
Layout, Satz, Text und Umschlaggestaltung:
design cat GmbH

ISBN 978-3-89736-694-7

Druck und Bindung in der EU
POLYGRAF PRINT spol. s r. o.
Čapajevova 44
08001 Prešov, Slowakei
www.polygrafprint.sk

Bildnachweis
Shutterstock: Africa Studio 6; Alex Kosev 6–7; Bennyartist 7; chaipanya 6; feeling lucky 6; KET-SMM 6; Wako Megumi 7